I0799593

SRA Intervenciones tempranas de la lectura

Cambio de clima

por Leyla Torres

ilustrado por Rusty Fletcher

McGraw Hill SRA

Bothell, WA • Chicago, IL • Columbus, OH • New York, NY

MHEonline.com

SRA

Send all inquiries to:
McGraw-Hill Education
8787 Orion Place
Columbus, OH 43240

ISBN: 978-0-02-114891-2
MHID: 0-02-114891-0

Printed in the United States of America.

8 9 10 11 MER 25 24 23 22 21

The McGraw-Hill Companies

Blas pesca feliz en su barca.
Hoy hay sol.
El clima está cálido.

Pero de pronto, el clima cambia.
Hay brisa y hay nubes.
Blas baja el ancla de su barca.

Ahora llueve a cántaros.
Blas toca el clarinete en su casa.
Blas espera que deje de llover.

Por fin la tormenta se calma.
Blas abre la ventana y mira.
Ya no hay nubes.

Ha caído la noche.
—¡Qué tormenta tuvimos! —Blas exclama en su ventana.

Es una noche clara, pero él no pesca por la noche. Blas saldrá a pescar por la mañana.